LA RÉPUBLIQUE,

SES VŒUX, SES BESOINS, SES RESSOURCES

PAR

Ch. AUBERT.

PRIX : **35** CENTIMES.

NANTES.

A LA LIBRAIRIE INDUSTRIELLE,

PLACE DU COMMERCE.

1848.

NANTES. — IMP. W. BUSSEUIL, RUE SANTEUIL, 8.

LA RÉPUBLIQUE,

SES VŒUX, SES BESOINS,

SES RESSOURCES.

La monarchie quasi-légitime avait maintenu et aggravé l'asservissement de la pensée et de la conscience, elle attentait à la liberté individuelle par la détention préventive ;

Elle avait enlevé aux citoyens leurs juges naturels en créant la juridiction exceptionnelle de la cour des pairs pour les prévenus de conspiration ;

Elle avait altéré l'institution du jury par la formation de ses listes et la déclaration du verdict à la simple majorité ;

Elle avait faussé ou supprimé le concours ;

Elle avait créé ou accru le cumul des traitements, le favoritisme, le népotisme, la vénalité, les sinécures ;

Elle s'appuyait sur la corruption, l'égoïsme, les priviléges, l'avilissement des caractères et la dépravation des mœurs publiques ;

Elle donnait le budget de l'Etat, la substance du peuple, à dévorer à ses créatures ;

Elle multipliait les places sans fonctions, les priviléges et les décorations sans services ;

Elle exploitait la France comme un intendant le domaine d'un fils de famille ;

Elle s'était donné une garde royale sous le nom de garde municipale ;

Elle avait creusé un fossé devant le palais des Tuileries pour se rendre inaccessible au peuple dont elle se défiait ;

Elle s'était entourée d'une enceinte bastionnée, sous le prétexte de la défense nationale, et de forts détachés, d'où elle comptait foudroyer Paris rebelle ;

Elle avait transformé les corps de garde en véritables forteresses au milieu de la capitale ;

Elle cumulait annuellement avec ses revenus privés qui étaient immenses, les coupes des forêts royales, douze millions de liste civile dont une grande partie était placée sur des banques étrangères ;

Appuyée sur sa majorité de fonctionnaires, elle se bouchait les oreilles pour ne pas entendre les plaintes de la France et les cris de la classe nombreuse des travailleurs ;

Elle poussait l'oubli de ses devoirs et le mépris de leurs droits, jusqu'à ne vouloir pas permettre qu'ils se réunissent pour aviser ensemble aux moyens d'améliorer leur condition ;

Menaçante avec les faibles, rampante avec les forts, elle avait assisté froidement à l'assassinat de la Pologne et réprimandait le glorieux Pie IX au moment où, secouant les chaines de l'Autriche, il montrait aux peuples ravis, la liberté, fille du Christ ;

Avec un budget triple de celui de l'empire, elle a accru, en 17 ans, d'un milliard la dette publique ;

Elle lègue à la République une dette consolidée qui dépasse cinq milliards,

Une dette flottante de 872 millions, sur laquelle 435 millions sont dépensés ;

Un déficit dont le chiffre ne peut en ce moment être fixé avec certitude ;

Elle lui lègue en outre d'immenses travaux publics à achever avec des ressources réduites de moitié ;

La question du travail et du salaire à résoudre ;

Des institutions de prévoyance à fonder ;

Le crédit à relever ;

En un mot, elle lui laisse tout à faire.

Voilà les œuvres de cette royauté, que beaucoup avaient saluée à son avénement comme l'expression de la liberté et de l'ordre, de la justice et de l'économie.

Justice en est faite.

Si, au lieu de succomber en février dernier, elle eût prolongé quelques années de plus sa prodigue existence, les dangers de la situation présente seraient plus graves encore. Les dangers peuvent être conjurés. Les questions qui sont restées sans solution et sans examen peuvent toutes recevoir une solution pacifique et satisfaisante pour tous, si nous entendons prêter à la République un concours généreux, sincère, unanime. Il ne faut pas qu'il puisse s'élever le moindre doute sur notre intention de soutenir, de défendre la république envers et contre tous. Le doute entretiendrait les alarmes, exciterait les passions, perpétuerait le trouble et aggraverait le malaise.

Pas de régence. La régence nous ramènerait les anciens abus que nous voulons extirper, le déchaînement des ambitions rivales, la guerre civile, et finalement une nouvelle révolution. Repoussons également les prétentions surannées qu'on voudrait faire revivre.

Avant d'accuser le gouvernement issu de la révolution, songeons aux difficultés de sa position entre les modérés qui le retiennent et les furieux qui le poussent, entre ceux qui ne veulent rien céder et ceux qui voudraient tout prendre. Sans lui ou en serions-nous? Rendons plutôt grâces a ces hommes courageux qui ont saisi les rênes du gouvernement au moment où elles flottaient entre cent mille mains. Pour souhaiter qu'elles ne leur échappent pas, il suffit de connaître ceux qui pourraient s'en emparer.

On entend beaucoup de gens dire que l'ordre ne peut être sauvé désormais que par des hommes d'ordre : et moi j'ose dire que de tels hommes bien loin de sauver l'ordre, le perdraient. En effet, l'ordre s'établit par la contrainte ou par l'harmonie des intérêts. Qui serait assez insensé pour songer à contraindre la révolution avant de lui avoir fait la part qu'elle réclame et qu'elle à la force et le droit de réclamer.

Une majorité de *bornes*, appuyés d'une force armée immense, n'a pas sauvé la royauté de 1830 et l'a poussée à sa perte. Si la Providence permettait qu'une majorité opposée par esprit et par principes à l'esprit et aux principes de la révolution se trouvât dans l'assemblée qui doit fonder la République, nous devrions nous attendre aux plus grands malheurs et nous verrions exiger par la terreur ce qui était demandé au bons sens et à la justice de la France.

Il y a des gens dévoués à la religion et à la liberté, qui désespérant de l'une et de l'autre, sous la République, semblent vouloir les mettre sous la protection d'un nouveau trône. Je plains leur erreur. En agissant ainsi ils donnent raison au stupide préjugé qui représente la religion hostile à la liberté.

Aux circonstances nouvelles des hommes nouveaux. Pour l'empêcher de devenir violente, des hommes qui sous la monarchie croyaient à la République et non pas ceux qui étaient dévoués à la royauté régnante ou à une autre royauté. Quiconque est dans ce cas, n'est pas propre à fonder la République. A la moindre opposition qu'ils feraient, au moindre danger que courrait la République, ils seraient soupçonnés de travailler pour Henri V ou pour la régence.

Pas de concessions au nombre. Des ouvriers voulant la liberté fondée sur le respect de tous les droits et comprenant les questions importantes que l'assemblée nationale aura à résoudre. Des hommes connus et aimés des travailleurs, fermes, simples, droits, libres des vieux préjugés, exempts d'ambition, des hommes d'idée, d'initiative, d'organisation, des hommes pratiques avant tout, et non pas des hommes habiles dans l'art de parler pour ne rien dire.

Hommes d'ordre, hommes de liberté, hommes dévoués à la religion, acceptons sans arrière-pensée la révolution qui vient de s'accomplir comme la suite naturelle de l'oubli ou du mépris des droits les plus légitimes, convaincus que leur triomphe définitif peut seul fonder parmi nous une paix durable.

Bien loin de regretter qu'elle soit venue sitôt, rendons grâces à Dieu de ce qu'elle n'est pas venue plus tard. Plus elle eût tardé, plus elle eût été violente. Car toute révolution amenée par le progrès simultané des lumières et de la corruption est nécessairement violente. En effet, le propre de la corruption est de rendre le riche timide et le pauvre cruel et avide. Si quelqu'un à peur de celle-ci qu'il prenne garde combien, le peuple a été probe et modéré dans l'exaltation de sa victoire et dans les souffrances de la faim. A ceux de nos concitoyens qui n'auraient pas encore pris leur parti sur les derniers événements, nous rappellerons que toute révolution a en elle-même une force invincible à laquelle rien ne résiste.

Écartons de son cours les obstacles qui augmenteraient sa violence, sans l'arrêter, et les passions qui voudraient la dérégler. L'accord du plus grand nombre, sur ses résultats inévitables, imposera silence aux résistances aveugles et apaisera les prétentions exagérées. À cette condition, elle suivra un cours pacifique jusqu'au point où elle doit raisonnablement s'arrêter.

Son contre-coup a ébranlé les trônes qu'elle n'a pas renversés. Elle n'a, par conséquent, rien à redouter de l'extérieur. À l'intérieur, elle n'a rien à craindre que nous-mêmes.

Faite par les travailleurs, elle doit porter des fruits pour la classe nombreuse de nos frères qui vivent de leur travail. Nous ne craignons pas de le déclarer, parce que c'est notre vœu le plus cher. D'ailleurs, les principes qu'elle proclame sont ceux de l'évangile ; ce sont les nôtres, et nous n'avons pas d'autre désir que de les voir prendre place dans nos institutions et régner sur la terre.

En entendant répéter de tous côtés que la République ne peut, ne doit pas être mise en question, j'ai cru un moment tout le monde d'accord ; mais j'ai vu bientôt que l'accord n'était qu'apparent, qu'il n'existait que sur le mot et nullement sur les principes. Ce sont ces principes qu'il s'agit d'exposer.

La République garantit le droit de vivre en travaillant.

Elle promet de faire participer les travailleurs aux bénéfices de l'exploitation industrielle et agricole.

Elle supprime les impôts qui pèsent sur les travailleurs.

Elle assure aux travailleurs des secours en cas de maladie, et des retraites dans leur vieillesse.

Elle adopte les orphelins et les enfants abandonnés.

Elle assure l'instruction gratuite à tous.

Elle fait peser sur tous les hommes valides, tirant au sort, la charge du service militaire.

Elle glorifie le salaire, et ne reconnaît d'autre noblesse que celle du travail et des services.

Elle change les bases de l'impôt, et répartit les charges suivant les richesses.

Elle établit un droit d'enregistrement progressif, selon les degrés, sur les successions en ligne collatérale, les donations entre vifs et testamentaires, les placements de capitaux ; des taxes somptuaires sur les équipages, les chevaux de luxe, les chiens.

Elle proclame la liberté d'association.

La liberté absolue de tous les cultes.

La liberté de l'enseignement.

La liberté de la presse sans cautionnemen', ni timbre, ni censure.

Elle assure la liberté individuelle.

Voilà en abrégé les principes que la révolution proclame en droit, et qu'elle réalisera en fait avec nous, si nous le voulons, sans nous et contre nous, si nous n'entendons lui prêter qu'un concours équivoque.

Pour moi, je les accepte tous non pas d'aujourd'hui ; je les croyais bons et pratiques il y a quinze ans et je les crois plus que jamais bons, pratiques et salutaires pour tous, j'ajoute avec une profonde conviction que le salut de la société dépend de l'adhésion du plus grand nombre à ces principes.

Ceux qui veulent les réaliser franchement, nettement, ceux qui en comprennent l'application, ceux-là, seuls, ont le droit de se dire républicains.

Il ne faut ni rester en deçà ni aller au-delà.

Aux yeux de ceux qui ne veulent rien céder, je m'expose à passer pour niveleur, et pour rétrograde aux yeux de ceux qui voudraient abolir la propriété individuelle pour la donner à l'état. Je le sais, mais peu m'importe. C'est l'intérêt de la justice et de la vérité qui m'occupe ; et le peuple saura bien discerner de quel côté elles sont.

Si quelques-uns ont à souffrir momentanément de l'application de ces principes ; celui qui écrit en souffrira aussi ; ce sacrifice ne lui coûtera pas quand tous doivent en profiter.

Désormais, le droit de vivre en travaillant sera garanti, autant qu'il peut l'être, par le droit d'association, celui de réunion, par la discussion libre des conditions du travail, par la création d'établissements de prévoyance , par l'association du travail et du capital, par une meilleure répartition du travail.

Nous attendons le dernier mot de ceux qui ont agité la question de l'organisation du travail, soit que l'état se fasse lui-même entrepreneur, soit que le travail demeure libre, cette question n'aura pas fait un pas tant que l'équilibre entre la production et la demande ne sera pas trouvé. Cet équilibre, s'il peut être trouvé, ne pourra l'être que par un congrès de tous le peuples de la terre.

Si l'état se fait entrepreneur et que le travail individuel continue en même temps de rester libre, les travailleurs n'y gagneront qu'une concurrence plus meurtrière.

Si l'état prend le monopole du travail, ils n'y gagneront qu'une servitude pire. En effet, il ne suffit pas de produire, il faut vendre, quiconque ne vend pas ne peut payer. L'état est-il toujours sûr de trouver l'écoulement de ses produits , lorsque l'Angleterre qui a des marchés par tout l'univers est encombré des siens.

Cette doctrine fraie le chemin à celle qui se propose pour but d'absorber dans l'Etat, l'individu , la famille, le travail, la propriété ; la propriété qui n'est que le fruit du travail transmis du père aux enfants.

Le travailleur ne doit pas aliéner sa liberté.

Le travail est un capital représenté par le taux des salaires : J'admets donc en principe les travailleurs à participer aux bénéfices de l'exploitation industrielle et agricole, dans la proportion de leur capital travail.

En industrie, il y aurait société pendant un temps déterminé entre le maître et les ouvriers. L'intérêt du capital industriel à 6 0/0 , et les frais généraux comprenant les salaires , prélevés, le surplus forme les bénéfices. Les bénéfices , liquidés à la fin de chaque année , seraient répartis en proportion du capital du chef d'industrie et du capital des ouvriers représenté par les salaires additionnés. La part de bénéfices revenant à chaque ouvrier devrait être déposée dans une caisse nationale pour former un fond de secours mutuels et de retraites , d'apprentissage pour les enfants et de dots pour les filles.

Les ouvriers contribueraient en outre à la formation de ce fond de secours et de retraites, au moyen d'un prélèvement hebdomadaire sur léurs salaires. Cette caisse serait sous la garantie de l'Etat, elle porterait le nom de Caisse Nationale de l'Industrie.

Les sommes déposées produiraient intérêt à 5 %, les intérêts en seraient capitalisés. Les dépôts donneraient droit à des secours en espèces en faveur des déposants en cas de maladie, d'accident ou d'incapacité de travail ;

En faveur de leurs veuves ou de leurs enfants, en cas de maladie ;

A une retraite dans la vieillesse ;

Les retraites seraient reversibles en partie sur les veuves sans enfants ;

En totalité sur les veuves avec enfants ;

Sur les enfants orphelins jusqu'à la fin de leur apprentissage.

En cas de prédécès de père et de mère, le reliquat des sommes déposées serait affecté à la dot des filles.

Les intérêts respectifs des maîtres et des ouvriers, les questions relatives à l'industrie, au commerce et à l'agriculture seraient discutés chaque année en conseil. Les ouvriers y seraient représentés par des délégués choisis directement par eux ; le nombre des délégués serait en raison des ouvriers de chaque corporation. Il y aurait un conseil par département, sous le nom de conseil départemental. Chaque conseil serait divisé en trois sections, une de l'industrie, une du commerce, une de l'agriculture.

Chaque section enverrait chaque année un délégué au conseil général de l'industrie, du commerce et de l'agriculture, qui s'assemblera à Paris.

L'association dont je viens d'exposer les bases ne serait pas moins avantageuse au maître qu'aux ouvriers. En assurant à ces derniers des secours en cas de maladie et des retraites dans la vieillesse, elle soulagerait la communauté du pauperisme et des dépôts de mendicité.

Pour le moment il s'agit de diminuer la concurrence des bras inoccuppés, en donnant au travail une destination agricole. Le salut de la

France est là. Nous sommes tributaires de l'étranger pour les chevaux, les bêtes de boucherie, les bois de charpente, les engrais, quelquefois pour les grains, et nous possédons un sol assez vaste, assez fertile, non-seulement pour nous nourrir nous-mêmes, mais même pour nourrir une partie de l'Europe avec nous. La Suisse, l'Auvergne, nous envoient des bœufs lorsque nous possédons les meilleures races de bestiaux de l'Europe, sans en excepter l'Angleterre elle-même ; nous allons chaque année porter notre argent, en Hollande, en Allemagne, pour en tirer de mauvais chevaux lorsque nous devrions y en envoyer.

La Gaule chevelue manque de bois : elle en tire de Prusse, de Suède et de Russie. Ses montagnes dépouillées ne retiennent plus les neiges et les pluies qui font déborder les fleuves sur les vallées. Le tiers de notre sol est en friche, en landes et en marais. Notre agriculture, écrasée par l'impôt du sel, les corvées, la conscription, le développement désordonné du travail industriel, privée de bras, de voies de communications et d'engrais, est la plus arriérée de l'Europe.

Les chênes rabougris, échappés aux ravages de la vaine pâture, les anciens sillons visibles sur la plupart de nos landes, sont là pour attester le travail de nos pères, la décadence de la production agricole et l'imprévoyance des gouvernements.

La législation sur les terrains communaux, et en particulier la loi de 1792, qui attribue aux ayant-droits des ci-devant vassaux inféodés, la propriété des terres vaines et vagues, doivent être abrogées. La moitié des vagues non encore partagés sera attribuée à l'Etat ; l'autre moitié restera aux particuliers qui ont succédé aux droits des anciens vassaux, quitte de frais.

Sans porter dommage à aucun intérêt privé, l'Etat peut avoir promptement à sa disposition huit millions d'hectares de terrains incultes, outre ses domaines et les biens qui sont du domaine public.

Au lieu de mettre en vente des forêts que l'Angleterre seule peut payer en ce moment, et dont elle fera des vaisseaux qui bloqueront nos ports ; que le gouvernement songe plutôt à organiser des colonies agricoles, qui mettront les landes en culture, dessécheront les marais, reboiseront les montagnes, en même temps qu'il poussera l'achèvement des chemins vicinaux, la canalisation des rivières, pour mettre les engrais à la portée de l'agriculture.

Ces colonies seraient composées de colons mariés et valides : on leur ferait application du bail à colonage ; elles remplaceraient les fermes-modèles qui coûtent beaucoup et rendent peu de services. Au bout d'un certain laps de temps , les colons deviendraient propriétaires de leur habitation et d'une portion du sol par eux desséché ou mis en culture , moyennant une légère rente annuelle et la contribution foncière qu'ils paieraient à l'Etat. Celui-ci conserverait la propriété des forêts. En peu de temps , les travailleurs, agités par les fausses théories et les promesses mensongères, prendraient les habitudes de paix , d'ordre et d'économie qu'inspirent les travaux agricoles.

Bien dirigées , ces colonies rendraient en peu d'années de grands services, en augmentant la production des chevaux, des bêtes de boucherie, des céréales et des plantes de commerce.

Des huit millions d'hectares que l'Etat peut s'approprier , il en doit donner une partie aux adeptes de la communauté des biens. L'expérience fera voir ce que vaut cette théorie.

En temps de révolution , une théorie fondée sur le partage égal des richesses, doit avoir pour partisans les esprits mystiques que toute révolution exalte, les caractères pervers et tous ceux que la souffrance empêche de raisonner juste. Celle-ci se développera avec le malaise : les raisonnements ne pourront rien contre elle, la force encore moins, si le malaise dure. Il convient de ne pas refuser aux partisans de la communauté des biens , l'occasion d'appliquer eux-mêmes leur système comme ils l'entendront. Tout le monde y gagnera. Si l'expérience ne réussit pas, le système se dissipera de lui-même ; si elle réussit , c'est que le système a du bon. En tous cas, il cessera d'inquiéter.

Outre l'impôt foncier et les corvées , l'agriculture porte deux charges accablantes : l'impôt du sel et l'impôt du sang.

Le service militaire devrait porter sur tous les hommes valides tombant au sort. Ce service ne serait point un obstacle à l'étude des professions libérales , si la République se bornait à appeler sous les drapeaux la moitié de l'effectif actuel de l'armée , le surplus formant la réserve.

La restitution du sel et des engrais marins à l'agriculture, la suppression des droits d'octroi sur les bêtes de boucherie , l'abolition des corvées , l'achèvement des chemins vicinaux dédommageront le possesseur de biens ruraux d'une augmentation inévitable de l'impôt foncier.

Les propriétaires de marais salants doivent tenir compte à l'Etat de la plus-value considérable dont ils profiteront, par suite de la suppression de l'impôt du sel.

En agriculture, le principe de l'association existe depuis longtemps dans le bail à colonage, connu aussi sous le nom de bail à moitié fruits.

Dans le bail à prix d'argent, les revenus ordinaires ne sont pas des bénéfices, puisqu'ils représentent à peine l'intérêt du capital à 3 p. %. Les bénéfices réels sont dans la plus-value résultant des améliorations exécutées par le fermier. Dans l'état actuel, le propriétaire en profite exclusivement, soit par une élévation du prix du bail, soit par un accroissement de capital. Non-seulement les améliorations exécutées par le fermier profitent uniquement au propriétaire, mais elles tournent au détriment du fermier, puisqu'il les paie sur son bail après les avoir faites. Aussi tous les fermiers comprennent qu'ils n'ont pas intérêt à améliorer, et n'améliorent pas. Loin de penser à améliorer, ils ne pensent qu'à tirer du sol tout ce qu'il peut rendre; par conséquent, ils l'épuisent. De plus, ils ne s'affectionnent pas par la crainte d'être expulsés. Il est donc juste que le propriétaire rembourse à son fermier, en cas d'expulsion, les améliorations exécutées sur le sol donné à bail; j'ajouterai qu'il y a intérêt et qu'il ne risque rien. Il y a intérêt, parce que le fermier, assuré de rentrer dans ses impenses ou d'en jouir, améliorera au lieu d'épuiser. Il ne risque rien, car il a le choix de laisser jouir son fermier aux mêmes conditions, ou de se contenter d'une augmentation modérée, ou bien, s'il manque de modération, de rembourser des améliorations dont il retirera le prix dans un nouveau bail.

L'indemnité qui pourrait être due au fermier serait réglée par deux arbitres choisis à l'amiable; en cas de désaccord, le juge de paix prononcerait sans appel.

Seraient réputées améliorations: les prairies permanentes, le canaux d'irrigation, les desséchements, les vergers, les plantations de vignes et autres, les haies vives, les constructions utiles.

L'introduction d'un pareil principe dans les baux de biens ruraux, aurait la plus heureuse influence sur l'agriculture et sur les relations de propriétaire à fermier.

Voilà comment j'étends le principe de l'association à l'agriculture.

De même que la République garantit le droit du travail, elle doit garantir le fruit du travail, c'est-à-dire la propriété individuelle en exigeant l'impôt ordinaire sous le nom de prime d'assurance. Et comme les risques croissent en raison des fortunes, la prime à payer par l'assuré à l'Etat assureur, doit croître en raison des risques.

Je sais ce qu'un pareil impôt a de grave, et les objections qu'il soulève; mais, pour apprécier la convenance de certains remèdes, il ne faut qu'envisager la gravité et l'étendue du mal.

Des besoins immenses et des ressources réduites de moitié. Voilà le mal.

En attendant que la République puisse fixer les bases d'un impôt proportionnel sur les revenus de toute nature, quel sera le remède?

Un emprunt. Il est douteux que celui qui a été contracté par le gouvernement déchu soit rempli.

Une augmentation du chiffre des quatre contribution. Elle a été décrétée; il est à craindre qu'elle ne rentre pas. Si elle devenait permanente, elle accablerait la petite propriété et la petite industrie, augmenterait le malaise et réagirait sur la consommation.

La vente des forêts. Qui l'oserait conseiller en pensant à l'éventualité d'une guerre étrangère?

Reste l'impôt progressif.

Un impôt progressif, sous la forme de prime d'assurance, au-delà d'un revenu déterminé, en tenant compte du nombre des enfants, serait d'une perception facile, aurait peu d'influence sur la consommation, ramènerait, avec l'équilibre entre les recettes et les dépenses, la sécurité et le bon ordre.

250 francs sur un revenu de 2,500 francs c'est beaucoup, tandis que 10,000 francs sur 100,000 francs c'est peu, et 20,000 francs sur 200,000 c'est encore moins.

La progression ne doit pas ramener toutes les fortunes au même niveau. Pour être équitable, il convient qu'elle soit modérée, qu'elle diminue du quart avec un enfant, de moitié avec deux, des trois quarts avec trois, pour cesser tout-à-fait avec quatre enfants.

J'admets également des taxes sur les équipages, les chevaux de luxe, les chiens. L'exemple de l'Angleterre, où ces taxes sont établies depuis longtemps, les justifie, en démontrant qu'elles ne portent aucune atteinte à l'industrie.

Assurer les ressources de la République pour faire face à ses besoins, pour ne pas donner de prétexte à la violence, pour rétablir la sécurité et le crédit, telle doit être notre préoccupation dans les circonstances actuelles. Ne soyons pas effrayés des premiers cris de la République naissante ; ce sont les premiers cris d'un enfant né dans la douleur.

Que tous ceux qui n'en désespèrent pas s'accordent pour la tenir en garde contre le régime violent que quelques-uns voudraient lui prescrire, comme contre ceux qui voudraient lui substituer un autre enfant.

Entourons cette jeune République de notre sollicitude ; elle vivra, si nous le voulons, pour le bonheur de la génération présente et celui des générations futures.

La peur, l'indifférence, causeraient sa perte, et sa perte serait celle de la liberté. Après tout, la liberté mérite bien qu'on fasse quelques sacrifices pour elle. En songeant à ce que nous coûteraient la régence ou la légitimité, qui pourrait hésiter !

Nantees. — Imp. W. Busseuil.

www.ingramcontent.com/pod-product-compliance
Lightning Source LLC
Chambersburg PA
CBHW061220050726
47594CB00008B/3733